ANALIZA KSIĄŻKI

Duma i Uprzedzenie

· · · · · · · · · · · · · · · · · ·

JANE AUSTEN

ANALIZA KSIĄŻKI

Napisany przez Mélanie Kuta
Przetłumaczony przez Kâmil Kowalski

Duma i Uprzedzenie

JANE AUSTEN

JANE AUSTEN

PISARZ ANGIELSKI

- **Urodzony w Steventon w 1775 r.**

- **Zmarł w Winchesterze w 1817 r.**

- **Godne uwagi prace:**

  - *Duma i uprzedzenie* (1813), powieść

  - *Emma* (1815), powieść

  - *Perswazje* (1818), powieść

Jane Austen była angielską kobietą pióra, urodziła się w 1775 roku, a zmarła w 1817. Córka anglikańskiego pastora i członkini English Good Society, dorastała w otoczeniu sześciorga rodzeństwa. Jej rodziców nie było stać na zapewnienie jej długiej edukacji, więc jej wykształcenie pochodziło od ojca, braci i rodzinnej biblioteki. Nigdy nie wyszła za mąż i całe życie mieszkała z rodziną.

Jej utwory często zawierają krytykę sentymentalnych powieści drugiej połowy XVIII wieku. Jane Austen potępia zależność kobiety od męża. Główne powieści wydane za jej życia to *Zmysł i wrażliwość* (wydana anonimowo w 1811 roku), *Duma i uprzedzenie* (1813), *Mansfield Park* (1814) i *Emma* (1815).

DUMA I UPRZEDZENIE

POWIEŚĆ PEŁNA HUMORU I SENTYMENTU

- **Gatunek:** powieść epistolarna

- **Wydanie źródłowe:** Austen, J. (1853) *Duma i uprzedzenie.* London: Spottiswoodes and Shaw.

- **1 wydanie:** 1813

- **Tematy:** miłość, małżeństwo, klasa społeczna, kobiety, społeczeństwo

Duma i Uprzedzenie to najpopularniejsza powieść Jane Austen i był to pierwszy napisany przez nią utwór. Początkowo zatytułowany *First Impressions*, rękopis został odrzucony przez redaktora w 1797 roku. W 1809 roku Jane Austen zaczęła poprawiać powieść i została ona opublikowana anonimowo w 1813 roku pod tytułem *Duma i uprzedzenie*, dwa lata po opublikowaniu *Zmysłu i wrażliwości*.

Ta komedia romantyczna podzielona jest na trzy części i rozgrywa się w czasie wojen napoleońskich (1797-1815) w Longbourn na angielskiej wsi. Jane Austen przedstawia społeczeństwo niezwykle naznaczone dystynkcjami społecznymi, w którym świadomość społeczna przynależności do określonej klasy jest bardzo silna. Historia opowiadana jest oczami Elizabeth Bennet, głównej bohaterki *Dumy i uprzedzenia*.

PODSUMOWANIE

KSIĘGA I

Rozdziały 1-4

Ogłoszenie, że bogaty młody człowiek Charles Bingley przybył do Netherfield Park, wywołało wielkie poruszenie w Longbourn, zwłaszcza wśród rodziny Bennettów. Rodzina ma pięć córek: Jane, Elizabeth, Mary, Catherine i Lydia, wszystkie niezamężne. Ich matka, pani Bennet, widzi w przybyciu młodego mężczyzny okazję do poślubienia jednej z jej córek.

Wszyscy spotykają się kilka dni później na balu. Panu Bingleyowi towarzyszą jego dwie siostry, szwagier oraz przyjaciel o imieniu Darcy, który jest wyjątkowo wyniosły i nieprzyjemny, zwłaszcza wobec Elizabeth.

Rozdziały 5-8

Dyskusje na temat balu pojawiają się po raz kolejny, gdy odwiedzają ich córki sir Williama Lucasa, sąsiada Bennetów. Najstarsza, Charlotte, porusza temat stosunku Darcy'ego do Elizabeth.

Pewnego ranka Jane otrzymuje zaproszenie na kolację od Caroline Bingley, siostry Charlesa. Z powodu możliwego deszczu tej nocy pani Bennet jest zmuszona wysłać Jane konno do Netherfield, gdzie spędzi noc. Następnego dnia

Jane źle się czuje. Elżbieta postanawia do niej dołączyć i spędza wiele nocy z panem Bingleyem i jego towarzyszami.

Rozdziały 9-12

Podczas gdy Jane jest przykuta do łóżka, Elizabeth z rozkoszą prowokuje Darcy'ego, który jest oczarowany młodą kobietą. Jedynie różnica w klasie społecznej nie pozwala mu na swobodne wyrażenie swoich uczuć.

Gdy Jane doszła do siebie, siostry wracają do domu.

Rozdziały 13-17

Bennetowie otrzymują wizytę od pana Williama Collinsa, kuzyna pana Benneta i duchownego, na usługach lady Catherine de Bourgh. To właśnie on odziedziczy rodzinny majątek po śmierci pana Benneta.

W Merriton Lydia spotyka jednego ze swoich przyjaciół oficerów, który przedstawia ją nowemu rekrutowi, panu Wickhamowi. Darcy i Bingley wpadają na nią przypadkiem, a Darcy jest bardzo chłodny w stosunku do Wickhama.

Podczas kolacji Wickham rozmawia z Elizabeth i zwierza się jej, że Darcy zagraża jego finansowej przyszłości. Następnie odkrywa, że Darcy jest siostrzeńcem Lady Catherine de Burgh. Jego pogarda dla niego staje się jeszcze silniejsza.

Rozdziały 18-23

Na balu w Netherfield, panna Bingley radzi Elizabeth uważać na Wickhama, rada, że zdecyduje się zignorować. Podczas kolacji pani Bennet robi z siebie głupka, mówiąc o możliwym małżeństwie Jane i pana Bingleya.

Następnego dnia pan Collins oświadcza się Elizabeth. Odmówiła, wywołując gniew matki. Pani Bennet prosi męża o pomoc w pogodzeniu się z decyzją córki.

Jane otrzymuje list od panny Bingley, informujący ją o wyjeździe Bingleya i jego towarzyszy do Londynu, na czas nieokreślony. Jest zdruzgotana.

Bennetowie dowiadują się, że pan Collins ma poślubić Charlotte. Elizabeth jest zszokowana tą wiadomością.

KSIĘGA II

Rozdziały 1-3

Pan Gardiner, brat pani Bennet, i jego żona przyjeżdżają do Longbourn na święta. Zauważając smutek Jane, pytają ją, czy chciałaby pojechać z nimi do Londynu. Ona zgadza się, mając nadzieję, że natknie się na pana Bingleya. Pani Gardiner zauważa atrakcję pokazaną przez Elizabeth w kierunku Wickhama i ostrzega ją przed tym człowiekiem.

Rozdziały 4-11

W marcu Elżbieta odwiedza Charlotte w Hunsfort, gdzie znajduje się plebania pana Collinsa. Wszyscy jedzą obiad w Rosings, w domu lady Catherine de Bourgh, która jest niemiła dla Elżbiety, krytykując jej brak wykształcenia.

Darcy i kuzyn, pułkownik Fitzwilliam, przyjeżdżają w odwiedziny do ciotki. Fitzwilliam mówi Elizabeth, że Darcy chwali się, iż niedawno uratował przyjaciela przed nierozważnym małżeństwem. Ona rozumie, że mówi o małżeństwie jej siostry z Bingleyem.

Później, gdy są sami, Darcy wyznaje Elizabeth miłość i prosi ją o rękę, pomimo jej społecznej niższości. Elżbieta najpierw grzecznie odmawia, potem gwałtownie oskarża go o sabotowanie małżeństwa jej siostry i finansowej przyszłości Wickhama. Dodaje, że jest on aroganckim, dumnym i pogardliwym człowiekiem i że nigdy by za niego nie wyszła. Darcy odchodzi.

Rozdziały 12-19

Przed opuszczeniem Rosings Darcy wręcza Elizabeth list, w którym przyznaje, że próbował zakończyć związek Bingleya z jej siostrą. Opisuje także swój konflikt z Wickhamem. Ten ostatni próbował wyłudzić pieniądze od Darcy przed ślubem z siostrą Darcy, Georgianą, aby uzyskać dostęp do jej fortuny. Wstrząśnięta tymi rewelacjami, Elizabeth jest zawstydzona, że tak łatwo uwierzyła w historię oficera.

Elizabeth wraca do Longbourn w towarzystwie Jane. Lydia zostaje zaproszona przez żonę pułkownika Forstera do spędzenia lata w Brighton, dokąd wybierają się oficerowie. Pan Bennet wyraża zgodę.

W lipcu Elizabeth towarzyszy Gardinerom w ich podróży. Przybywają w pobliże Pemberley, domu Darcy'ego. Dowiedziawszy się, że właściciel wyjechał, Elizabeth zgadza się na wizytę.

KSIĘGA III

Rozdziały 1-3

Darcy robi swoje wejście w Pemberley i jest niezwykle uprzejmy dla swoich gości. Elizabeth jest zakłopotana i zapewnia go, że zgodziła się przyjść tylko dlatego, że myślała, że go nie ma.

Rozdziały 4-7

Elizabeth odkrywa, że Lydia uciekła z Wickhamem, a rodzina nie wie, czy są małżeństwem. Stawką jest reputacja Lydii i całej rodziny Bennetów. Elizabeth mówi Darcy'emu wszystko i wyjeżdża, aby wrócić do swojej rodziny.

Pan Gardiner w końcu odnajduje nieślubną parę i przekonuje oficera do poślubienia Lydii. Bennetowie są przekonani, że Gardinerowie dali mu pieniądze. Pani Bennet pęka z radości na wieść o ich ślubie.

Rozdziały 8-13

Wickham i Lydia wracają do Longbourn. Elizabeth dowiaduje się od pani Gardiner, że to Darcy znalazł młodą parę i zapłacił Wickhamowi, z miłości do niej.

Darcy i Bingley wracają do Netherfield Park i kilkakrotnie udają się do domu Bennetów. Bingley prosi ojca Jane o jej rękę, który się zgadza.

Rozdziały 14-19

Lady Catherine de Bourgh odwiedza rodzinę Bennetów i prosi Elżbietę o rozmowę. Poinformowała ją o plotkach, że Darcy zamierza się z nią ożenić, co uznała za śmieszne. Elizabeth walczy i nie jest zagrożona. Lady Catherine odchodzi wściekła.

Podczas spaceru Elizabeth dziękuje Darcy'emu za jego hojność wobec Lydii i mówi mu, że jej uczucia do niego się zmieniły: przyjmuje jego propozycję małżeństwa. Pan Bennet, który początkowo jest zdumiony, wyraża zgodę na małżeństwo.

Wkrótce po ślubie Bingley i Jane osiedlili się niedaleko Pemberley. Kitty jest chroniona przed złym wpływem swojej siostry Lydii, która często błaga Elizabeth i Darcy o pieniądze i często odwiedza Bingley. Elizabeth i Georgiana zostają najlepszymi przyjaciółkami. W końcu Lady Catherine akceptuje związek siostrzeńca.

STUDIUM POSTACI

ELIZABETH BENNET

Główną bohaterką powieści jest druga z pięciu córek Bennetów. Jest ładna i ma bardzo wyraziste oczy. Pełna dowcipu i zdrowego rozsądku, wypowiada się z łatwością i inteligencją. Lubi obserwować zachowanie otaczających ją ludzi.

Często jednak zbyt szybko ocenia tych, którzy ją otaczają. To prowadzi do tego, że myli się co do prawdziwej natury innych, w tym Wickhama i Darcy'ego, i trzyma się swoich początkowych uprzedzeń, zanim zrozumie swoje błędy. Jest bardzo pewna siebie, niełatwo ją zastraszyć, nawet tym z wyższej klasy społecznej.

PAN DARCY

Syn bardzo bogatej rodziny, jest właścicielem posiadłości Pemberley w Derbyshire. Jest również bratankiem Lady Catherine de Bourgh i najlepszym przyjacielem pana Bingleya. Jest męskim odpowiednikiem Elżbiety i czytelnik szybko orientuje się, że jest dla niej stworzony.

Jego snobistyczny i arogancki wygląd, bogactwo i status sprawiają, że jest bardzo dumnym człowiekiem i uznaje swoją wyższość społeczną.Jednak odmowa poślubienia go przez Elżbietę skłoniła go do pokory i ponownej oceny swoich roszczeń.

Jest też człowiekiem bardzo hojnym: nie waha się pomagać Lydii i rodzinie Bennetów. Wykazuje więc silne przywiązanie do Elżbiety, mimo ubóstwa i braku przyzwoitości Bennetów.

JANE BENNET

Jane jest najstarszą z sióstr Bennet i najpiękniejszą. Jest bardziej powściągliwa i łagodna niż Elżbieta, jej prawdziwa wspólniczka, wierzy we wszelkie dobro i łagodzi pochopne sądy siostry. Od razu pociąga ją Charles Bingley, ale unika otwartego wyrażania swoich uczuć, przez co Darcy wierzy, że tak naprawdę go nie kocha.

CHARLES BINGLEY

Bingley to bogaty młody człowiek, który na początku powieści osiedla się w zamku Netherfield. Jego charakter jest bardzo podobny do Jane, w której zakochuje się niemal natychmiast. Jego prostota i obojętność na różnice klas społecznych są zupełnym przeciwieństwem Darcy'ego, który jest jego najlepszym przyjacielem.

PAN BENNET

Ojciec dziewczynek Bennet, pan Bennet jest cyniczny i lubi żartować z głupoty swojej żony. Choć kocha swoje córki, zwłaszcza bardzo podobną do niego Elizabeth, wykazuje pewne oderwanie od ich małżeńskich trosk, przez co nie sprawdza się w swojej ojcowskiej roli.

PANI BENNET

Matka dziewczyn Bennet jest głośna, głupia i nierozsądna. Jej jedynym celem w życiu jest wydanie za mąż córek. Jednak ich brak wykształcenia i nieodpowiednie zachowanie sprawiają, że mają mniejsze szanse na znalezienie mężów. Bardziej zależy jej na stabilności finansowej dzieci niż na ich szczęściu.

GEORGE WICKHAM

O czarującej aparycji, urząd ten ma obsesję na punkcie bogactwa. Hazardzista i pozbawiony skrupułów, próbuje wyłudzić od Darcy'ego pieniądzc i poślubić jego siostrę, Georgianę, aby dostać w swoje ręce jej fortunę. Początkowo przyciągnięta jego urodą i charyzmą, Elizabeth później oddala się od niego z powodu rewelacji na temat mrocznej przeszłości Darcy'ego, które jednocześnie zbliżają ją do Darcy'ego.

LYDIA BENNET

Najmłodsza z sióstr Bennet, Lydia jest niedojrzała i zapatrzona w siebie. To właśnie ona najbardziej przypomina ich matkę. Impulsywna, nie myśli przed działaniem, co niemal prowadzi do jej upadku.

PANIE COLLINS

Bardzo pompatyczny i nieco głupi duchowny, pan Collins jest pod opieką lady Catherine de Bourgh, o czym lubi nieustannie przypominać ludziom. Kuzyn pana Benneta, ma odziedziczyć majątek Longbourn po jego śmierci, gdyż jest on na niego przepisany. Po odmowie Elżbiety poślubienia go, żeni się z Charlotte Lucas.

CHARLOTTE LUCAS

Najlepsza przyjaciółka Elizabeth, Charlotte, nie jest szczególnie piękna. Jest bardzo pragmatyczna i nie postrzega miłości jako istotnej części małżeństwa, chce po prostu żyć wygodnie. Więc zgadza się poślubić pana Collinsa.

CAROLINE BINGLEY

Siostra Charlesa Bingleya, Caroline jest wyniosła i powierzchowna. Jest niezwykle protekcjonalna wobec rodziny Bennetów, zwłaszcza wobec Elizabeth, i wyśmiewa ich skromne pochodzenie. Jej próby przyciągnięcia uwagi Darcy'ego tylko przybliżają go do Elizabeth.

LADY CATHERINE DE BOURGH

Ciotka Darcy'ego, jest bardzo arogancka i lubi kontrolować tych, którzy są poniżej niej. Doskonale uosabia społeczny snobizm, zwłaszcza gdy próbuje oddalić Elizabeth od swojego siostrzeńca.

MARY BENNET

Mary jest trzecią z córek Bennetów. Pretensjonalna, woli się kształcić i czytać niż mieszać z ludźmi w swoim wieku.

CATHERINE (KITTY) BENNET

Czwarta z Bennetów, jest bardzo zżyta z Lydią i podobnie jak ona urzeczona oficerami.

PAN I PANI GARDINER

Brat pani Bennet i jego żona to bardzo troskliwi i wykształceni ludzie, którzy często okazują się lepszymi rodzicami dla dziewczynek Bennet niż pan Bennet i jego żona.

GEORGIANA DARCY

Siostra pana Darcy'ego, jest mało obecna w powieści, ale wielu bohaterów ją chwali. Jest bardzo ładna i bardzo nieśmiała.

ANALIZA

SZTUKA DIALOGU

Dialog jest bardzo obecny i różnorodny w Dumie i Uprzedzeniu. W czasach Jane Austen powieści często czytano na głos. Dlatego dialog był tak ważny.

Tutaj odgrywają one zasadniczą rolę w rozwoju fabuły. W istocie niewiele jest opisów, a wypowiadane słowa stanowią akcję opowieści. O decydujących momentach fabuły dowiadujemy się z rozmów, a także z listów, jak zobaczymy dalej.

Na przykład powieść otwiera dialog między panią Bennet a jej mężem. W ten sposób czytelnik odkrywa, że główną troską pani Bennet jest wydanie córek za mąż. W tym pierwszym dialogu ujawnia się również ironiczny i sarkastyczny stosunek pana Benneta do swojej żony, która jest histeryczna i płaczliwa:

> *"Och! Singiel, moja droga, z pewnością! Samotny mężczyzna o dużej fortunie; cztery lub pięć tysięcy rocznie. Co za piękna rzecz dla naszych dziewcząt!"*
>
> *"Jak to? Jak to może na nich wpłynąć?"*
>
> *"Mój drogi panie Bennet,"* odpowiedziała jego żona, *"jak możesz być tak męczący! Musisz wiedzieć, że myślę o jego małżeństwie z jedną z nich".*
> *(Rozdział 1)*

Jane Austen używa również tych wielu dialogów, aby ujawnić osobowość każdego z bohaterów poprzez zapewnienie im unikalnego stylu języka:

- Elżbieta używa ironii, aby wyśmiać hipokryzję otoczenia. Ma łatwą repartycję, jest szczera i bezpośrednia, ale nigdy nie stara się celowo obrazić swojego rozmówcy;

- Panna Bingley tymczasem używa słów, by potwierdzić swoją wyższość, zwłaszcza wobec Elżbiety. Jest pogardliwa i satyryczna;

- Listy od pana Collinsa ujawniają charakter zadufany i zarozumiały. Jego przemówienia są niemądre i nudne;

- Lydia to prawdziwa gaduła, która debatuje nad błahostkami bez żadnej prawdziwej treści;

- Pani Bennet jest równie niedorzeczna jak język, którym się posługuje. Jej wypowiedzi, złożone z absurdalnych plotek, są zbędne i powtarzalne;

- Darcy jest postacią poważną i niezbyt rozmowną. Jego wypowiedzi są pełne cynizmu i ironicznych implikacji. Jego wymiany zdań z Elizabeth są genialne.

Wreszcie Jane Austen zastosowała tę formę dialogu, ponieważ odgrywała ona tak ważną rolę w stosunkach społecznych dobrego społeczeństwa jej czasów. Z tego też powodu Darcy nie jest doceniany przez mieszkańców Longbourn. Od pierwszego balu nie chce rozmawiać z sąsiadami i milczy. Z tego powodu jest początkowo przedstawiany jako niegrzeczny i arogancki człowiek. Z drugiej strony Wickham jest bardzo rozmowny i jest kochany przez wszystkich, w tym przez Elizabeth.

POWIEŚĆ EPISTOLARNA

Prawie wszyscy bohaterowie piszą listy i wyrażają swoje poglądy poprzez obszerną korespondencję. Co więcej, to właśnie poprzez te listy ujawniają się ważne wydarzenia w opowieści:

- Dowiadujemy się, że Jane źle się czuje i musi zostać w Netherfield w liście, który pisze do Elżbiety;

- Caroline Bingley ogłasza Jane w liście, że pan Bingley i jego towarzysze opuścili Netherfield Park na czas nieokreślony;

- Elżbieta, podróżując z Gardinerami, dowiaduje się poprzez list od Jane, że Lydia uciekła z Wickhamem i że nie otrzymali żadnej wiadomości o nieślubnej parze: "Do tego czasu, moja najdroższa siostro, otrzymałaś mój pośpieszny list; chciałabym, aby ten był bardziej zrozumiały. […] Najdroższa Lizzy, prawie nie wiem, co mam napisać, ale mam dla Ciebie złe wieści i nie można ich odkładać" (Księga III, rozdział 4).

- W liście Darcy wyjaśnia Elizabeth, dlaczego próbował zapobiec małżeństwu pana Bingleya i Jane. Nakreśla również charakter swoich różnic z Wickhamem. "Nie martw się, pani, kiedy otrzymasz ten list, będzie on zawierał powtórkę uczucia, które tak cię wczoraj przyprawiło o mdłości, oraz aktualizację propozycji. […] o zupełnie innym charakterze. Dwie zbrodnie i nigdy w tej samej skali, co wpłaciłaś na moje konto zeszłej nocy (Księga II, Rozdział 12).

Wielu krytyków uważa, że *Duma i Uprzedzenie* była pierwotnie powieścią epistolarną, zanim została przerobiona.

Ponieważ nic nie pozostało z oryginalnego rękopisu, nie można potwierdzić ani zaprzeczyć temu założeniu.

ZNACZENIE MAŁŻEŃSTWA

Jak sugeruje pierwsze zdanie powieści, małżeństwo i funkcje społeczne, jakie ono reprezentuje, miały w czasach Jane Austen ogromne znaczenie. Jedyną pracą, jaką mogła wykonywać, były korepetycje. Małżeństwo było dla niej jedynym sposobem zabezpieczenia finansowego i statusu społecznego.

W przypadkach takich jak siostry Bennett sytuacja była jeszcze bardziej niebezpieczna: majątek pana Bennetta był dziedziczony i jeśli nie było bezpośrednich spadkobierców płci męskiej, musiał przechodzić na mniej lub bardziej dalekiego kuzyna (pana Collinsa). Po śmierci pana Bennetta pani Bennett i jej córki są zmuszone polegać na działalności charytatywnej swoich wysoce upokarzających społecznie krewnych.

Czytelnik szybko rozumie, dlaczego pani Bennet ma taką obsesję na punkcie małżeństwa. Według niej szczęście mierzy się wyłącznie w kategoriach finansowych. Inne postacie rozumują podobnie i uważają małżeństwo za prostą transakcję finansową i społeczną:

- Pan Collins nie rozumie odmowy Elżbiety poślubienia go, gdy jego sytuacja tak bardzo by jej służyła: "Nie wydaje mi się, że moja ręka jest niegodna twojej akceptacji, ani że ustanowienie, które mogę zaoferować, byłoby inne niż bardzo pożądane [...] i powinnaś wziąć to pod uwagę, że pomimo twoich wielorakich atrakcji, nie jest w żaden sposób pewne, że inna propozycja małżeństwa może kiedykolwiek zostać ci złożona" (rozdział 19);

- Charlotte wyznaje Elizabeth, że zgodziła się wyjść za pana Collinsa tylko dla jego sytuacji społecznej i pieniędzy. Jest to małżeństwo z wygody, a nie z miłości: "Proszę tylko o wygodny dom; a biorąc pod uwagę charakter, koneksje i sytuację życiową pana Collinsa, jestem przekonana, że moja szansa na szczęście z nim jest tak uczciwa, jak większość ludzi może się pochwalić wchodząc w stan małżeński" (rozdział 22);

- Panna Bingley poprzez małżeństwo z panem Darcy chce zapewnić sobie i bratu awans społeczny.

Wreszcie, poprzez różne pary, które tworzą się w całej powieści, Jane Austen przedstawia kilka modeli małżeństwa:

- Lidia i Wickham. To najgorsze małżeństwo w powieści. Wickham jest zdrajcą, playboyem i niezbyt kocha Lydię. Zgadza się poślubić ją za pieniądze od Darcy. Jeśli chodzi o Lydię, jest zbyt głupia, by ryzykować reputację swojej rodziny, by uświadomić sobie, że naprawdę uważa ich małżeństwo za małżeństwo z miłości.

- Pan i Pani Bennet. Zaślepiony pięknem i młodością pani Bennet, pan Bennet nie od razu zdał sobie sprawę z głupoty i marności swojej żony. Nie robi jednak nic, aby spróbować poprawić ich relacje. Woli unikać żony i schronić się w swojej bibliotece. Jest to małżeństwo niezrównoważone intelektualnie;

- Collins i Charlotte. 27-letnia Charlotte nie ma wielkich nadziei na małżeństwo, ponieważ nie jest zbyt piękna. Ten związek zapewnia jej dobrą pozycję społeczną, komfort materialny i pewien stopień niezależności;

- Pan i pani Gardiner. Jest to stabilne i dojrzałe małżeństwo, w przeciwieństwie do małżeństwa Bennetów. Porozumienie i szacunek są w ich związku najważniejsze.

- Jane i pan Bingley. Przede wszystkim Jane wychodzi za pana Bingleya, bo go kocha, a nie dla majątku. Bingley również bardzo lubi Jane i nie przywiązuje wagi do statusu społecznego. Jest to prawdziwe małżeństwo z miłości;

- Elizabeth i Darcy. Elizabeth, podobnie jak Jane, nie wychodzi za mąż z chciwości. Jej wybór jest wolny i niezależny. Szuka szczęścia i osobistego spełnienia. Jest szczera i nie udaje miłości w celu zdobycia statusu społecznego jak panna Bingley. Darcy'emu i Elizabeth udaje się pokonać przeszkody (uprzedzenie Elizabeth, duma Darcy'ego) i stają się równorzędnymi partnerami. Ich małżeństwo oparte jest na estymie i wzajemnym szacunku.

DALSZA REFLEKSJA

KILKA PYTAŃ DO PRZEMYŚLENIA...

- Prześledź różne podróże sióstr Bennet na przestrzeni powieści. Jaka jest według Ciebie główna funkcja tych podróży? Jakie konsekwencje mają one dla przyszłości kobiet?

- Powieść otwiera się takim zdaniem: "Jest prawdą powszechnie znaną, że samotny mężczyzna w posiadaniu dobrej fortuny, musi być pozbawiony żony". Jak to zdanie jest ironiczne? Twoim zdaniem, dlaczego Jane Austen rozpoczyna swoją powieść w ten sposób?

- *Duma i Uprzedzenie* została opublikowana anonimowo. Biorąc pod uwagę czasy, w których żyła Jane Austen, pomyśl o trzech możliwych wyjaśnieniach tego faktu.

- Co symbolizuje posiadłość w Pemberley?

- Oryginalny tytuł wybrany dla powieści Jane Austen brzmiał *First Impressions*. Co sprawia, że ten tytuł jest równie odpowiednią opcją?

- Przeanalizuj dogłębnie postać pana Benneta. Twoim zdaniem jest on bardziej sympatyczny czy nieprzyjemny? Czy jest on adiutantem czy przeciwnikiem w dążeniu córek Bennet do małżeństwa?

- Jane Austen wielokrotnie używa w powieści ironii. Weź pięć przykładów i wyjaśnij każdy z nich.

- Jak myślisz, dlaczego powieść jest do dziś tak popularna?

- Pokaż, jak niektóre postacie drugoplanowe, takie jak panna Bingley, pan Collins i lady Catherine de Bourgh, zostały stworzone przez Jane Austen w celu zbliżenia Elżbiety i Darcy'ego.

- Jakie relacje łączą panią Bennet z jej córkami (szczególnie Elizabeth i Lydią)?

PRZECZYTAJ TAKŻE

WYDANIE REFERENCYJNE

Austen, J. (1853) *Duma i uprzedzenie*. Londyn: Spottiswoodes and Shaw.

BADANIA REFERENCYJNE

Sparknotes Editors (2002) *Sparknotes on* Pride and Prejudice *by Jane Austen*. New York: SparkNotes LLC.

ADAPTACJE

Powieść była przedmiotem wielu adaptacji, niektóre bardziej wierne oryginalnej powieści niż inne. Najbardziej godne uwagi adaptacje są następujące:

Duma i uprzedzenie (Pride and Prejudice) (1995) [6-odcinkowy serial telewizyjny]. Sue Birtwistle i Simon Langton. Dirs. UK: British Broadcasting Corporation (BBC).

Dziennik Bridget Jones (Bridget Jones' Diary) (1996) [Książka]. By Helen Fielding. Powieść ta zawiera wiele elementów *Dumy i Uprzedzenia* w dwudziestowiecznym kontekście. Została również zaadaptowana na film w 2001 roku, w którym wystąpili Colin Firth, Hugh Grant i Renée Zellweger.

Duma i uprzedzenie (Pride and Prejudice) (2005) [Film]. Joe Wright. Dir. Francja/Wielka Brytania: Focus Features.

Becoming Jane. (2007) [Film]. Julian Jarrold. Dir. Wielka Brytania/Irlandia: HanWay Films/UK Film Council. Film zawiera elementy *Dumy i uprzedzenia* wymieszane z biografią Jane Austen.

Duma i uprzedzenie i zombie. (2009) [Książka]. By Seth Grahame-Smith. Parodia powieści Jane Austen, łącząca science fiction i horror.

Chcemy usłyszeć od Ciebie, co się dzieje!
Zostaw komentarz na temat swojej internetowej biblioteki
i podziel się swoimi ulubionymi książkami w mediach społecznościowych!

www.50minutes.com

Master ISBN: 9782808694216
Papierowy ISBN: 9782808615617
Depozyt prawny: D/2023/12603/1841

Verhaal: © Primento

Projekt cyfrowy: Primento, cyfrowy partner wydawców.